Alfred Reichel

**Goldene
Biergedichte**

© 2016, Alfred Reichel
Layout, Satz & Umschlaggestaltung: Malte Reddig
Herstellung und Verlag: BoD – Books on Demand, Norderstedt
ISBN 978-3-7412-7622-4

Bibliografische Information der Deutschen Nationalbibliothek:
Die Deutsche Nationalbibliothek verzeichnet diese Publikation
in der Deutschen Nationalbibliografie; detaillierte bibliografische
Daten sind im Internet über www.dnb.de abrufbar.

Für Ina

#1 **Goldenes Bier**

Wenn Bier golden im Glase blinkt,
dann trinkt, trinkt, trinkt!
Vielleicht ist ja noch mehr Gold im Haus,
dann füllt nochmal das Glas und trinkt es aus!

#2 **Flüssiges Gold**

Es ist nicht alles Gold, was glänzt.
Es könnte auch nur Messing sein.
Wird aber flüssiges Gold kredenzt,
so wird das Bier oder Whisky sein.

#3 **Golden**

Golden wie die Sonne,
berauschend, voller Wonne,
sexy, mit etwas Schaum
steht vor mir wie im schönsten Traum
ein großes volles Weizenbierglas.
Mir geht's gut. Das Leben macht Spaß.

#4 **Freund**

Ein Freund ist jemand, der zu dir hält,
auch wenn deine Welt zusammenfällt.
Du kannst immer zu ihm kommen
und wirst stets ein Bier bekommen.
Und hat er ausnahmsweise einmal keins,
dann geht ihr zu dir und trinkt deins.

#5 **Wunschbier**

Golden wie ein Sonnenstrahl,
mild, hefig, leicht berauschend,
lecker wie beim ersten Mal,
feinperlend und erfrischend,
wohltuend wie ein schöner Sommertag,
mit schöner Schaumkrone, porig-fein,
so wie ich Bier meistens mag,
so soll mein Weizenbier sein.
(Morgen ist vielleicht schon ein Tag,
an dem ich ein anderes Bier mehr mag.
Die Biervielfalt ist so herrlich groß
und jedes Bier schmeckt auf seine Art famos.)

#6 **Endlich glücklich**

Lasst uns endlich glücklich sein.
Das Leben ist viel zu kurz.
Freuen wir uns am Leben und an Bier und Wein.
Unabänderliches ist uns ab jetzt schnurz.

#7 **Malen mit Bier**

Malen tut der Seele gut.
Wer malt, ist zufrieden – ohne Wut.
Ich „male" mir mein Bierglas voll
mit goldgelbem Bier – zum Wohl!

#8 **Programm**

Ein Lebensprogramm:
Zweisam statt einsam.
Ein Bier statt kein Bier.
Gut zu Mensch und Tier.
Bier und Wein.
Unser statt mein.
Umwelt statt Geld.
Nur die Liebe zählt.

#9 **Treu verbunden**

In sommerlichen Abendstunden
ließen wir uns frisches Bier munden.
Von unten nach oben, von oben nach unten
zieht nun flüssiges Gold in uns seine Runden.
Vergessen sind alle Sorgen und Wunden.
Wir bleiben dem Bier ewig treu verbunden.
Wir bleiben des Bierhändlers treue Kunden.

#10 **Kneipengänger**

„Was sind das für Leute, die sich in Kneipen
abends und nachts herumtreiben?
Bier- und Schnapssäufer, Geld- und Zeitverschwender,
Arbeitslose?"
„Nein, eher Durstige, Schlaflose, Ungesättigte,
Heimatlose.
Meist sind solche Leute einsame nette Seelen,
die sich ansonsten alleine durch die Nacht quälen."

#11 **Ein farbliches Durcheinander**
Schwarz ist die Liebe. Rot das Bier und golden die Nacht.
Verzeihung, ich habe da wohl was durcheinander gebracht.
Zu viel schwarz-rot-goldenes Bier
fließt vermutlich gerade in mir.
Ich gehe schlafen. Gute Nacht!

#12 **Im Mai**
Maikäfer suche ich.
Zecken verfluche ich.
Meine Freundin liebe ich.
Maibock trinke ich.
So ist das Leben im Mai.
Wird's Juni, ist der Mai vorbei.

#13 **Herbstgold**
Goldener Oktober, goldene Küsse,
goldenes Bier statt goldene Schüsse,
sind golden-herbstliche Hochgenüsse.

#14 **9 Maß**

Eine Maß, 2 Maß, 3 Maß.
Sie trinken ohne Unterlass.
4 Maß, 5 Maß, 6 Maß.
Sie trinken Bier im Übermaß.
7 Maß, 8 Maß, 9 Maß.
Gibt es einen Trinkanlass?
Nein, den gibt es nicht.
Fürs Protokoll: Alle sind dicht.

#15 **Gute Wünsche**

Das Glück und Gott seien dir hold.
Deine Taschen seien voller Gold.
Aber besonders wünsche ich dir
immer gute Freunde und viel Bier.

#16 **Wahrheiten**

Eins plus eins plus zwei ist vier.
Ich liebe frisches Weizenbier.
Mein Sternzeichen ist nicht Stier.
Ein Bier ist besser als kein Bier.
Aber zehn Bier sind mir zu viel.
Meine Freundin ist die, die ich küssen will.
Die Hauptstadt von Deutschland ist Berlin.
Meine Freundin heißt Ina und nicht Jasmin.

#17 Nachwirkungen

Von dem goldenen Nass
aus dem großen Fass
getrunken ohne Unterlass.
Das machte Spaß.
Das war schon was.
Aber zu viel gezecht,
jetzt ist ihm schlecht.

#18 Wiedergeburt

Nimmt man vom Wort „*Freibier*" das F und stellt's ans Wortende,
so ergibt „*reibierF*" keinen Sinn. Macht man aber die Wende
und liest das Wort von hinten nach vorn,
dann ist als neues altes Wort wiedergeborn:
„*Freibier*"
Darauf ein Bier.
Am besten ein Freibier!
Prost!

#19 **Für Luisa und Malte**

Für Junge und für Alte,
für Luisa und für Malte,
auch für Alfred und für Ina,
für Deutschland und für China
ist Bier die allerbeste Droge.
Das weiß jeder Psychologe,
das wissen auch ihr und wir -
Bier ist unser Lebenselixier!

#20 **Umweltverschmutzung**

Loch im Ozon –
was macht das schon.
Feinstaubalarm.
Der Klimawandel hält uns warm.
Auch der saure Regen
tut niemanden mehr aufregen.
Im Falle eines Verschmutzungsfalles
gewöhnt sich der Mensch an alles.
Ist denn nur noch Bier wirklich rein?
Zwangsläufig auch Bier nicht. Leider nein.
Alles ist mehr oder weniger verschmutzt.
Zeit, dass die Umwelt mal wieder jemand putzt.
Besser wir machen erst gar keinen Dreck.
Denn ohne Dreck, muss auch keiner weg.
So ist's auch mit Glyphosat.
Das Zeugs gehört weder ins Bier noch auf den Salat.

#21 **Toll**

Ist das Leben nicht schön? Ist das Leben nicht toll?
Fragt er sich nach 10 Bier – sternhagelvoll.

#22 **Metamorphose-Bier**

Im Knie Meniskusschaden und Arthrose
- was ich jetzt bräuchte, wäre eine Metamorphose.
Um wieder gesund der alten Hülle zu entschlüpfen
und dann wieder fröhlich herumzuhüpfen.
Vielleicht wirkt mein Bier
als Metamorphoseelixier.

#23 **Plopp**

Flaschen auf, plopp, plopp.
Hmm. Bier schmeckt einfach top!

#24 **Menschenkenntnis**

Trinkt jemand gerne Weizenbier und Bordeaux-Wein,
kann dieser Mensch nicht wirklich schlecht sein.

#25 **Ausbruch**

Fremdbestimmt und angetrieben.
Immer in Eile. Keine Zeit zu lieben.
Wie kann man aus diesem Teufelskreis ausbrechen?
Sage öfters nein und gehe mit Freunden zechen.
Lache mit ihnen bei Bier oder Wein
und lass Lebensfreude in dich rein.

#26 **1. Mai-Bier**

Am 1. Mai wird lecker gegrillt
und mit Freunden Ball gespielt.
Die 2 l Flüssigkeit, die man täglich trinken soll,
werden an diesem Tag Bier sein. Zum Wohl!

#27 **Bieriger Vergleich**

So wie ein Glas sehnt sich nach Bier,
so sehne ich mich nach einem Kuss von ihr.

#28 **Bier auf dem Kanapee**

In Meersburg am Bodensee
trank ich Hopfentee auf einem Kanapee.
Zuvor hatte ich schon einen Milchkaffee.
Draußen schneite es (– natürlich Schnee).

#29 **Optimist**

Fühlt sich der Optimist zu lange angepisst,
wird er irgendwann zum Pessimist.
Mit Bier, Freunden und etwas Glück
findet er dann hoffentlich wieder zurück.
Er ist dann jemand, den nichts mehr umhaut,
mit Ausnahme vielleicht seiner Braut.

#30 **Gottesgabe**

Beim Befüllen eurer Becher
dankt Gott, ihr durstigen Zecher,
für diesen paradiesischen Tropfen
aus Malz, Wasser, Hefe und Hopfen.
Bier gehört zu den schönsten Gaben,
die wir hier auf Erden haben.

#31 **Mein Bier**

Mein Bier hat 5 Volumenprozent Alkohol.
5 Volumenprozent Alkohol hat mein Bier.
Und hätte es weniger als 5 Prozent Alkohol,
dann wär's auch nicht mein Bier.

#32 Gleichklang

In Gedanken bei dir
sitze ich hier beim Bier.
Vielleicht geht's dir
gerade auch wie mir.
In Gedanken an mich
betrinkst du dich.

#33 Bier tut gut

Ein halber Liter vergorener Gerstensaft
steigert deine Widerstandskraft
gegen nervige Zeitgenossen.
Bier in Maßen genossen
macht dich nervenstark und unverdrossen.
Somit kräftigt ganz bequem
ein Bier dein Immunsystem.

#34 Quarktasche

Hab ich die Wahl zwischen einer Quarktasche
und einer vollen Bierflasche,
dann weiß ich was ich tu:
Ich lass die Quarktasche in Ruh…

#35 Verdauungsbier

Bin pappsatt
von zu viel Spätzle und Kartoffelsalat.
Jetzt ein Verdauungsbier geleert,
das ist nicht verkehrt.

#36 Ein Helles

Mein Durst verlangt 'was Schnelles,
nichts Spezielles,
aber schon etwas Reelles.
Ich glaub', ich nehm' ein Helles.

#37 Gewohnheitstier Mensch

Jeder denkt sich dann und wann:
„Ich fange nochmal von vorne an.
Ich ändere mein Leben radikal.
Ich werde Wirt in einem Bierlokal."
Aber meist bleibt doch alles wie es war.
So vergeht die Zeit, Jahr um Jahr.
Und dir ist längst schon klar:
Alles bleibt wie es schon immer war.
Der Mensch ist halt ein Gewohnheitstier,
und als solches trank und trinkt er Bier.

#38 Mond über der Zelle

Der Mond scheint heut so helle.
Der Gefangene sitzt in seiner Zelle.
Er hat noch viele Jahre Knast.
Im Gefängnis gibt's kein Bier – welch große Last.
Wir bleiben sauber und sitzen nicht ein.
Wir trinken in Freiheit unser Bier und unseren Wein.

#39 Lieben, nicht hassen

Alle, die kein Bier mögen, sollten das Biertrinken lassen.
Wir Biertrinker werden sie dafür bestimmt nicht hassen.
Wir werden sie fürs Nicht-Biertrinken sogar innig lieben,
denn so ist für uns letztendlich mehr Bier übrig
geblieben.

#40 Keiner

Keiner liebt Bier mehr als ich es tu!
Nicht du, nicht du, nicht du, nicht du!
Keiner liebt Bier mehr als ich es tu ;-)

#41 **Beziehungspause**

Lass uns mal jeder für sich alleine bleiben.
Wir können uns ja hin und wieder eine Nachricht schreiben.
Ich trinke mein Bier alleine,
sitze dumm rum und weine.

#42 **Bierrausch**

Ich glaube, ich hab 'ne Meise,
denn ich bewege mich im Kreise.
Ich fahre Karussell,
aber viel zu schnell.
Oder dreht es sich in mir?
Sind der Grund die 10 Bier?

#43 **Mäßig, aber regelmäßig**

Das Saufen ist ein Laster.
Es kostet dich deinen Zaster.
Saufen macht nicht wirklich froh.
Das ist und war schon immer so.
Saufen macht dich eher krank.
Ich saufe nicht wirklich – Gott sei Dank!
Ich trinke Bier mäßig,
aber regelmäßig.

#44 **Berauschte Erde**

Für gewöhnlich dreht sich die Erde leise
ganz vornehm im Kreise.
Hat man aber zu viel Bier konsumiert,
kann's sein, dass Folgendes passiert:
Die Erde scheint aus dem Tritt zu kommen,
alles erscheint verzerrt und verschwommen.
Sie dreht sich dann scheinbar auch schneller
und irgendwie scheint alles lauter und greller.

#45 **Rausch**

Jeder Rausch ist vergänglich.
Kopfweh bleibt nicht lebenslänglich.

#46 **Liebesrausch**

Mancher holt sich seinen Rausch aus Wein oder Bier.
Ich berausche mich am liebsten an ihr.
Mit „ihr" ist meine Freundin gemeint.
Herrlich ist's, wenn wir sind vereint. <3

#47 **Trinke**

Trinke, wem ein Bier gegeben.
Heute feiern, lachen wir und leben.

#48 Liebe

Ich küsse sie auf den Mund,
ich will sie berühren jede Stund.
Sie streichelt mir durchs Haar
und schon längst ist uns klar:
Außer Biertrinken gibt's noch andere Sachen,
die uns Spaß und Freude machen.

#49 Pflaumenretter

Neulich begegnete mir im Traume
eine dehydrierte Dörrpflaume.
Sie war echt ziemlich mies drauf.
Schnell machte ich ihr eine Flasche Bier auf.
Sie trank und wurde wieder eine saftige Pflaume.

#50 Im Glück

Wind steht still. Wind weht.
Glück kommt. Glück geht.
Bewegen und still stehen.
Kommen und gehen.
So ist's im Leben. So ist die Natur.
Einmal Radler. Ein andermal Bier pur.
Das Glück meint es heute gut mit mir,
denn vor mir steht eine Flasche Bier.

#51 **Sommerzeit**
Sommer, Biergarten, Sonnenschein.
Spaß haben, Bier trinken, glücklich sein.
Ist das naiv?
Oder gar primitiv?
Nein, nein, nein!

#52 **Glücklich**
Glücklich ist,
wer beim Bier vergisst,
dass er eigentlich unglücklich ist.

#53 **Schweben**
Durchs Leben
schweben
mit Freuden
und Freunden,
mit Bier
und dir.
Schweben wie ein Adler.
Gefühle wie nach Bier und Radler.
Frei, glücklich und sorglos
Schweben über dem Chaos.

#54 Kunst

Die Kunst richtig Bier zu trinken,
besteht darin, nicht im Bier zu ertrinken.

#55 Des Bieres

Kreativ, konstruktiv, sportiv, explosiv,
attraktiv, Nominativ, Akkusativ, Dativ…
„*Des Bieres*"ist ein Genitiv.

#56 Brexit

Die Briten haben mehrheitlich Brexit gewählt.
Die EU ist schockiert und angezählt.
Ein klein wenig schade finde ich das.
Zunehmender Nationalismus macht keinen Spaß.
Ich spüle meine Traurigkeit runter mit einer Maß.

Die unschöne Seite der EM 2016

Deutschland spielt morgen gegen Polen.

Hooligans tun andere Leute versohlen.

Das ist ziemlich ungesund.

Der Fußball tritt in den Hintergrund.

Sie tun andere verkloppen.

Keiner kann sie stoppen.

Dauert die Randale

noch bis zum Finale?

Warum können manche nicht friedlich ihr Bier saufen?

Warum müssen manche verletzen und wüst raufen?

Ob Niederlage oder Sieg,

Fußball ist ein Spiel, kein Krieg.

König Fußball

braucht keinen Krawall.

 Die Überraschungsmannschaft der EM 2016

Island hat bei der EM bisher alle überrascht.

Sie haben Österreich und England vernascht.

Die Isländer spielten einfach gut,

kampfstark und mit viel Mut.

Solche Siege steigern in mir

die Lust auf Fußball und auf Bier.

Fußball ohne Bier ist wie Suppe ohne Salz,

wie Giraffe ohne Hals, wie Rheinland ohne Pfalz…

Deshalb Fußball-PLUS –

zum Fußball ein Bier ist ein MUSS.

#51 Fußball genießen

Fußball und Bier
passen wie Kuh und Stier,
wie Mann und Frau,
wie Eber und Sau,
wie Kationen und Anionen,
wie sich verausgaben und sich schonen
bestens zusammen,
meine Herren und Damen.
Drum ist die schönste Art Fußball zu genießen,
zusammen mit Freunden die Tore mit Bier zu begießen.
Zu jubeln, zu diskutieren und zu lachen
und das nächste Bierchen aufzumachen.
Sollten wir, Gott bewahre uns davor, einmal verlieren,
dann ist die Niederlage mit Bier leichter zu akzeptieren.

#60 **Zu viel des Schweigens**

In Anlehnung an Martin Niemöller: Als die ungarische Regierung die Demokratie aushöhlte, habe ich geschwiegen; ich war ja kein Ungar. Als die polnische Führung den Rechtsstaat beugte, habe ich geschwiegen; ich war ja kein Pole. Als die türkische Obrigkeit Oppositionelle wegsperrte, habe ich geschwiegen; ich war ja kein Türke. Als es dann bei uns geschah, gab es keine europäischen Demokraten mehr, die uns beistehen konnten. *(* Dr. Helmut Däuble, Stuttgart)*

Und was käme dann nach der Demokratie?
Vielleicht Diktatur, Anarchie mit Polygamie?
Mancher meint: „Nicht schlecht."
Aber derjenige hat nicht Recht.
Lieber täglich 2-3 Bier als täglich 2-3 Frauen.
Vor allzu viel Sex würde es euch bald grauen.
Behalten wir also besser unser Rechtssystem,
sonst gibt's auf irgendeine Art ein Problem.
Schützt deshalb Bier und Demokratie
vor Prohibition, Diktatur und Polygamie!

(* Der erste Abschnitt des Gedichts wurde von Helmut Däuble geschrieben.)

#61 Bierrettung

Ich fühle mich wie Wüstenland.
Bin durstig wie heißer Saharasand.
Vertrocknet und ausgebrannt.
Bier, errette mich.
Bier, entdürste mich.
Bier, ich liebe dich.

#62 Gute Zeiten, schlechte Zeiten

Glück ist nur von kurzer Dauer.
Unglück liegt schon auf der Lauer.
So ist das Leben nun einmal.
Auf die Freude folgt die Qual.
Dies gilt natürlich auch anders rum.
Dies heißt dann wörtlich wiederum:
„Unglück ist nur von kurzer Dauer.
Glück liegt schon auf der Lauer."
Ständiger Wechsel von auf und nieder.
Gut und schlecht kommt immer wieder.
Aber in guten wie in schlechten Zeiten
trink' gutes Bier, tu' schlechtes meiden.

#63 Glücksmomente

Glück ist für ihn ein großes Bier gegen den brennenden Durst
und gegen den Hunger ein Butterbrot, dick belegt mit Wurst.
Für sie ist Glück ein Stück Käsesahne und eine Tasse Kaffee.
Glücklich macht sie statt Kaffee auch eine Tasse Mate Tee.
Glück geht oft durch den Magen,
könnte man sagen.

#64 Internationaler Tag des Bieres

Den Internationalen Tag des Bieres feiern wir just
immer am ersten Freitag im August.
August, Freitag und Bier passen optimal zusammen
genau wie Winter, Glühwein und im Ofen Flammen.
Hat sich die Welt auch sonst entzweit,
heute ist sie im Bier vereint.
An diesem Tag genießen wir
ganz besonders unser Bier.

#65 Biertasse

Ich sitze auf der Terrasse
mit meiner Kaffeetasse.
In der Tasse ist kein Kaffee.
Nee, nee, nee.
Darin ist Bier. Das find ich Klasse.

#66 Täglich ein Freibier

„Das ist meins
und nicht deins.
Das gehört mir
und nicht dir."
Zwar können sich die meisten
vieles leisten,
manche aber auch nicht.
Davon und von sozialem Verhalten handelt das Gedicht.
Sachen, die man sich nicht leisten kann,
bringt leider nicht immer der Weihnachtsmann.
Wäre doch aber schön, wenn noch mehr Dinge für alle da wären,
wie heute bereits Luft, Sonne, öffentliche Parks oder Waldbeeren*.
Ein Recht auf jeweils ein Freibier pro Kopf und Tag sollten haben:
Frauen, Männer, Arme, Reiche, Junge, Alte, Bayern, Schwaben…
So viel staatliche Fürsorge müsste dringend sein.
Wer Bier nicht mag, bekäme täglich ein Glas Wein.

(* Vorsicht Fuchsbandwurmgefahr bei wilden Beeren.)

#67 Spezialradler

Sei bei Radler auf Zack.
Achte auf den Biergeschmack.
Je weniger Bier im Radler,
umso fader schmeckt das Radler.
Am besten schmeckt mir
ein Radler mit 100 % Bier.

#68 Verpennt

Wer Bier noch nicht kennt,
hat sein bisheriges Leben verpennt.
Denn wer noch kein Bier getrunken hat,
dessen Leben war wohl ziemlich fad.

#69 Antikonfliktbier

Viel zu viele kleine und große Konflikte gibt's auf der Welt.
Oft geht's dabei um banale Dinge wie Rechthaben oder Geld.
Tränken die Konfliktparteien gemeinsam Bier beizeiten,
ließen sich bestimmt viele dieser Streitereien vermeiden.
Und Abstinenzler sollten's mit Kuchen
und Kaffee halt einmal versuchen.

#70 **Verregneter Sommertag**

Regen und Kälte – ich könnte weinen.
Lieber Gott, lass die Sonne wieder scheinen.
Kühles Bier draußen an einem warmen Sommertag,
das ist das Feeling, das ich mag.

#71 **Verdauungseinschlafbier**

Hab gegessen viel und fett.
Bin jetzt müde, geh ins Bett.
Zuvor aber gönne ich mir
noch ein Verdauungseinschlafbier.
Leer getrunken. Licht ausgemacht.
Sayonara. Gute Nacht.

#72   Von sich, anderen und Bier

Wer bin ich,
wenn nicht ich?
Vielleicht bin ich ja eine Marionette?
Einer, wie mich jemand anderes gerne hätte?
Ich bin viele, manchmal auch ein armer Wicht,
aber immer ist Bier für mich von großem Gewicht.

Wer sich nicht entscheidet, für den wird entschieden.
Mit solch fremden Entscheidungen ist man selten
zufrieden.
Ich treffe jetzt eine sehr wichtige Entscheidung
bezüglich meiner heut abendlichen Verpflegung:
Heute Abend trinke ich Bier,
erst eins, dann zwei, dann drei, dann vier…

#73   Bierbad mit Freundin

Mit einer vollen Kanne
Bier
in einer Badewanne
mit ihr <3
- Kein Bad kann schöner sein
als ein Bad mit Bier zu zwein.

#74 Elektrifizierendes Freibier

Schöne Gefühle machen sich breit,
wenn jemand „Freibier" schreit.
Ob eher leise oder laut,
beim Wort „Freibier" bekomme ich Gänsehaut.
Vom Ruf nach Freibier werde ich elektrifiziert.
Schön, zu wissen, gleich werde ich gratis alkoholisiert.

#75 Lieben

Der Hund liebt seinen Knochen.
Der Koch, der liebt zu kochen.
Die Mutter liebt ihre Kinder.
Der Bauer liebt seine Rinder.
Du liebst hoffentlich mich.
Wie verrückt liebe ich dich.
Und beide lieben wir
gutes Bier.

#76 Most

Das Bier ist alle.
In diesem Falle
trinke ich Most.
Prost. Prost.

#77 Biersüchtig

Er trinkt Bier in Massen.
Bier ist ihm sehr wichtig.
Er kann vom Bier nicht lassen.
Vermutlich ist er süchtig.

#78 Mäßiges Trinken

Wer mäßig trinkt, trinkt weise.
Er wird nicht laut, bleibt leise.
Er behält die volle,
so wichtige Kontrolle.
Wer täglich 1,2 Bier trinkt und nicht mehr,
lebt gesund, fühlt sich weder ausgebrannt noch leer.

#79 Bier pro Stunde

Man trinkt in geselliger Runde
schnell mal zwei Bier pro Stunde.
Erhöht man die Schlagzahl auf drei,
ist die Party nach 2-3 Stunden vorbei.
Deshalb gilt: Gemach, gemach.
Und du bleibst fit und wach.

#80 **Bier, der Sorgenbrecher**

Jeder gute alte Zecher
kennt Bier als vermeintlichen Sorgenbrecher.
Sorgen, die auf deinen Magen schlagen,
Probleme, die dich plagen,
Angst, die in deinem Herzen wühlt
- all das wird mit Bier kurzfristig fortgespült.
Aber diese Freiheit ist meist nur von kurzer Dauer.
Ungelöstes legt sich bald schon wieder auf die Lauer.
Sei schlauer:
Löse deine Probleme nüchtern.
Sei selbstbewusst, nicht schüchtern.

#81 **Halbe oder Maß?**

Ob als Halbe oder als Maß,
Biertrinken macht immer Spaß.
Aber viel Bier macht viel Spaß,
deshalb nehme ich lieber die Maß.
Prost mit viel nassem Spaß im Glas.

#82 **Craft Beer**

Craft Beer
gibt Kraft dir!
Wenn's dazu noch schmeckt,
ist das Craft Beer perfekt!

#83 Schlechtwetterbier

Vorhin war der Himmel blau.
Jetzt aber ist der Himmel grau.
Der Biergarten
wird umsonst auf mich warten.
Ich gehe heute nicht raus.
Ich trinke mein Bier zu Haus.

#84 Anti-Arschlochbier

Wir werden älter von Woch zu Woch.
Gott sei Dank, poch, poch, poch –
unsere Herzen schlagen noch.
Und dennoch:
Älterwerden ist ein Arschloch.
Dagegen gönne ich mir
jetzt ein Anti-Arschlochbier.

#85 Altern

Altern ist Kopfsache,
dass ich nicht lache.
Ich wäre gern wieder jung,
hätte gern wieder den alten Schwung.
Man ist so alt wie man sich fühlt -
ich hätte jetzt gern ein Weizen gut gekühlt.

#86 **Verrückt**

Fühlst du dich leer und bedrückt,
dann schnell eine Flasche Bier gezückt
und in großen Schlucken verdrückt.
Die einsetzende Wirkung ist verrückt.
Schnell fühlst du dich beglückt
und von Negativem entrückt.
Kleine Sorgen werden überbrückt.
Statt leer, wieder mit Lebensfreude bestückt.
Statt bedrückt, wieder vom Alltag entzückt.

#87 **Stimmungsbier**

Ist die Stimmung gut,
tut ein Bier uns gut.
Ist die Stimmung schlecht,
trinken wir erst recht.

#88 **Bier zu Spinat**

Als Mann der Tat
koche ich heute Spinat,
dazu gibt's Kartoffeln und Spiegelei
sowie Bier einer guten Brauerei.
Prost!

#89 **Frühmorgens**

Wecker hat mich aufgeweckt.
Bin aus dem Schlaf geschreckt.
Hab den Wecker ausgemacht.
Hab den Wecker ausgelacht.
Hab die Augen wieder zugemacht.
Tu mein Bett so lieben.
Bin liegengeblieben.
Hab von Bier geträumt,
wie's schäumt.

#90 **Anti-Depri-Mittel**

Ich bin ein armer Wicht,
ich seh am Horizont kein Licht.
Ich lauf gegen jede Wand,
ich seh vor lauter Pech kein Land.
Ich bin ganz allein,
mir hilft kein Schwein.
Doch da eilst du herbei,
hast gute Laune und 2 Bier dabei.
Und siehe da – Trari, Trara –
die Zuversicht ist wieder da.

#91 Bleib Optimist

Weißt du nicht mehr weiter,
bist eher traurig als heiter,
bleib trotzdem Optimist,
auch wenn dich die halbe Welt vergisst.
Aus Erfahrung rate ich dir:
Kopf hoch, genieße dein Bier.
Sieht die Welt auch sch…. aus,
mach das Beste draus.
Verlier nicht den Mut.
Alles wird gut.

#92 10000 Biere

Ich trinke gerne Bier.
Biertrinken ist mein größtes Pläsier.
Wenn ich einmal nicht mehr Bier trinken kann,
dann bin ich ein armer, kranker, alter Mann.
Aber noch trinke ich Bier –
gerne mit ihm, mit ihr, mit dir.
Sei getrost,
ich trinke noch 10000 Biere – Prost!

#93 Tag für Tag

Komme, was da kommen mag,
aufs Bier freu' ich mich jeden Tag.
In Bier da wohnt ein Zauber inne.
Bier ist ganz in meinem Sinne.
Prost!

#94 Nicht exzessiv

Lebst du zu exzessiv,
macht dich das auf die Dauer depressiv.
Oder das Ganze im Konjunktiv:
Lebst du zu exzessiv,
könnte dich das depressiv machen.
Und das ist dann nichts zum Lachen.
In der Ruhe liegt die Kraft.
Trinke hin und wieder vergorenen Gerstensaft!

#95 Was muss, das muss

Man speist und frisst.
Man scheißt und pisst.
Ob Schnitzel oder Bier,
ob bei dir oder bei mir
ob bei Gabi oder Klaus
- was reingeht, muss auch wieder raus.

#96 **Frohgemut**

Ich ziehe meinen imaginären Hut
vor des Menschen Frohgemut.
Frisch, fromm, fröhlich frei
bin auch ich gerne mit dabei.
So auch jetzt und heute
ziehe ich los mit meiner Meute.
Wir sind alle gut drauf
und machen so manches Bierchen auf.
Etwas Frohgemut tut
hin und wieder gut.

#97 **Feucht-fröhlich-teure Weihnachtszeit**

Für Weihnachten sollst du teure Geschenke kaufen
Und nicht mit Freunden relaxed Bierchen saufen.
Machst du's anders rum,
nimmt man's dir krumm.
Egal und Prost – wir scheren uns nicht darum!

#98 **An Weihnachten**

An Weihnachten
auf die Linie achten?
Auf keinen Fall. Nein.
Wir trinken Bier und Wein
gerade an Weihnachten!

#99 Zum Jahreswechsel

Das neue Jahr kommt, das alte geht.
Niemand weiß wirklich, was ihm bevorsteht.
Um diese Ungewissheit zu ertragen,
könnte ich jetzt ein Weizenbier vertragen.

#100 Neujahrsbier

Ein gutes neues Jahr,
noch besser als das alte war
- das wünsche ich dir und mir
und trinke darauf ein Neujahrsbier :-)

#101 Schon die Ägypter

Ein Pharao,
der saß
auf dem Klo
mit einer Maß
und hatte Spaß.
Und somit ist bewiesen,
schon die Ägypter taten sich Bier eingießen.
Sie tranken Bier
wie wir!

#102 Sündhaft gutes Bier

Kann ein Bier denn Sünde sein?
Definitiv: Nein, nein, nein.
Denn ein Bier
weckt Gutes in dir.
Bier macht müde oder munter,
bringt dich hoch oder auch runter.

#103 Das knallt

Im Sommer Bier eiskalt,
getrunken. Das knallt
in Kopf und Bauch.
Der Alkohol aber auch.

#104 Volle Zustimmung

Er stimmt ihr „voll" zu.
Denn ist er voll, stimmt er ihr zu.

#105 Noch schlimmer

Kein Bier, nur Wein –
Was kann schlimmer sein?
Mit *"kein Bier, kein Wein"*,
könnte es noch schlimmer sein.

#106 Gedanken

Plötzlich ist das Leben rum
und man liegt tot da, wie dumm.
Man wollte noch so vieles machen,
wie Bier brauen und andere Sachen.
Wie reisen und vielleicht Gedichte schreiben.
Der Plan war, noch lange am Leben zu bleiben.
Soll man leben, als gäbe es keinen Morgen?
Oder soll man sich um die Zukunft sorgen?
Ich denke, der Mittelweg
ist der richtige Weg.
Also arbeiten und gleichzeitig leben
und hin und wieder ein Bierchen heben.

#107 Einzigartiges Bier

Ich bin in Bier deshalb so vernarrt,
denn Bier ist nicht nur von stofflicher Art.
Bier ist mehr,
viel mehr.
In Bier tummeln sich Hoffnungen,
schöne Gedanken, Erinnerungen…
Jedes Bier ist andersartig.
Jeder Schluck ist einzigartig.
Jedes Bier ist dennoch großartig.

#108 Luxus

Allzu viel Luxus
brauche ich nicht.
Ich hätte nur gerne täglich mein Leibgericht.
Damit meine ich eine Flasche Bier.
Diesen Luxus gönne ich mir.

#109 Nichts zu lachen

Will mir jemand mein Bier madig machen,
hat dieser jemand nichts zu lachen.
Ich pikse ihn in den Bauch,
ich trete ihm auf den Schlauch
und ziehe ihn an der Nase auch.

#110 Erträglich

Erst Bier macht das Leben erträglich.
Aber zu viel „Erträglichmachbier" ist schädlich.

#111 Schwur

Ordentlich gefeiert hat er.
Jetzt fällt ihm das Heimgehen schwer.
Er krabbelt auf allen Vieren
wegen den getrunkenen Bieren
und schwört: *„So viel trinke ich nie mehr!"*

#112 Locker bleiben

1, 2 Bier machen dich locker.
10 Bier hauen dich vom Hocker.
Drum locker bleiben
und es nicht übertreiben.

#113 Leben

Wir werden alle sterben irgendwann.
Der eine fängt früher, der andere später damit an.
Da helfen kein Jammern und kein Klagen.
Also, lieber das Leben wagen.
Und damit das Leben flutscht,
so manches einem besser den Buckel runterrutscht,
im Leben alles halbwegs funktioniert,
wird regelmäßig, aber mäßig Bier konsumiert.

#114 Ohne Bier

Ein Leben ohne Bier
ist wie ein Klo ohne Klopapier
- beschissen.

#115 Kein Spaß

Herr Wirt, ich bin doch hier nicht zum Spaß.
Ich bin hier wegen meinem geliebten Nass.
Also, schnell her das köstliche Bier vom Fass.
Davon ein großes Glas - am besten eine Maß.

#116 Frisches Bier

Vor mir auf dem Tisch
steht ein Bier recht frisch.
Aber habt keine Bange,
das Bier steht dort nicht mehr lange.
Denn Bier ist dazu da, dass man's trinkt,
bevor's schlecht wird und stinkt!

#117 **Was bleibt**

Wenn Bier durch den Körper fließt
und sich dann als Urin nach draußen ergießt,
behält der Körper nicht nur Stoffliches wie Zucker und Alkohol zurück,
zurück bleiben auch schöne Gefühle, wie Zufriedenheit und Glück.

#118 **X**

X macht alle Menschen im Denken gleich,
egal ob alt oder jung, ob arm oder reich.
X macht die Menschen generös und spendabel.
X macht Gegensätze lösbar und akzeptabel.
Ob Deutscher, Ausländer, Bettler oder Scheich,
X macht harte Herzen butterweich.
X macht die Menschen freundlich, tolerant.
Wären alle veriXt, reichten sie sich die Hand…

Was könnte dieses X nur sein –
frage ich mich und schenke mir ein.
X könnte vielleicht die Nächstenliebe sein,
denke ich mir nach 2 Bier und etwas Wein.
Aber Satz mit X –
wird wohl nix.

#119 **Alkoholbedarf**

Bier muss gut schmecken
und den Alkoholbedarf decken.

#120 **Bierschaum**

Ein Bier ohne etwas Schaum
ist wie ein Schlaf ohne Traum.
Fehlt jeweils dieses kleine Detail,
ist's immer von großem Nachteil,
denn ich mag kein abgestandenes Bier
und schlafe ich, träume ich gerne von dir.

#121 **Nikolausgeschenk**

Du zu mir
beim Bier:
„Ich such
ein Buch
für Nikolaus, den 6. Dezember."
Ich sag: „Remember. Remember!
Ich hab Biergedichtebücher geschrieben.
Kauf sie, les sie, verschenk sie. Ihr werdet sie lieben.
(Oder auch nicht.
- Das ist mein Nikolauswerbegedicht)

#122 Bier-Paradies

Bier ist ein Vorgeschmack aufs Paradies,
deshalb sei im Leben möglichst wenig fies.
Schau, dass du ein Kandidat für den Himmel bist,
denn kein Paradies, kein Bier, das wäre Mist.

#123 Beobachtungen

Der eine davon nippt,
der andere seines kippt.
Einer trinkt sein Bier Schluck um Schluck
- gluck, gluck, gluck.
Wieder andere leeren's auf ex,
so ganz ohne Schluckreflex.
Interessant, den anderen beim Trinken zuzusehen,
muss ich zwischen zwei Glas Bier gestehen.

#124 Bierzug

Zum Biere hin
die Männer zieh'n
fort vom Weibe
in die nächste Kneipe.
Später gehen sie wieder heim
und fertig ist der Reim.

#125 Plastikbierflaschen

Bier trinken aus Plastikflaschen,
ist wie auf dem Klo Pralinen naschen.

#126 Sexy Bier

Bier ist wie eine schöne Frau.
Der Schaum entspricht dem Oberbau…
Ansonsten genießt er und schweigt,
bevor er's noch mit seiner Frau vergeigt.

#127 Auf den VfB Stuttgart (furchtlos und treu)

furchtlos und treu -
Der Abstieg trennt den Weizen vom Spreu.
furchtlos und treu -
Der Abstieg formiert den VfB ganz neu.
furchtlos und treu -
Auf den VfB trinke ich bald wieder Sieger-Gebräu.

#128 **Gut geht's**

Manchmal denke ich mir
beim Genuss von Bier:
Ach, mir geht's doch gut.
Warum nur verlässt mich oft der Mut?
Ich habe Arbeit, bin halbwegs gesund,
habe die beste Freundin, bin nicht kugelrund.
Habe genügend Bier, muss nicht dürsten –
Niemandem geht's besser, auch keinem Fürsten!

#129 **Die Gier nach frischem Bier**

Schaue ich ein Glas mit schön gezapftem Bier,
dann regt sich eine große Gier in mir.
Wer Bier nicht mag, kann's nicht verstehen.
Ich jedenfalls kann nicht widerstehen.
Ich muss schnell den Glasboden sehen.
Ich kann nicht lange nur gucken,
muss gierig das Bier schlucken.
Schluck um Schluck.
Gluck, gluck, gluck.

#130 Durst

Durst ist meist ein wirklich tolles Gefühl.
Denn wer Durst hat, will vom Bier recht viel.
Drum gilt: Bier zu trinken bedarf es wenig,
erst wer Bier und Durst hat, ist ein König.

#131 Gegen jeglichen Durst

Drei, vier Bier gegen den großen Durst.
Eines präventiv gegen den nächsten Durst.
Dann noch drei Bier über den Durst.
Der Durst verfliegt.
Er ist für heute besiegt.

#132 Antidurstbier

An Durst muss man nicht leiden.
Mit Bier kann man dessen Qualen meiden.
Rechtzeitig eine Flasche Bier aufgemacht
und der Durst hat sich davongemacht.

#133 **Macho**

Hat er großen Durst,
sind ihm Frauen Wurst.
Erst das Bier, dann die Damen.
Amen.

#134 **Durstig**

Ihm dürstet nach Bier
und besonders nach ihr.

#135 **Unterschied**

Durst ist die höchste Form der Vorfreude auf Bier.
Zu großer Qual wird allerdings Durst ohne Bier.
Bier macht den Unterschied,
wie man sieht!

#136 **Durstlöscher Bier**

Wer noch nie großen Durst verspürte
und dessen Mund noch nie Bier berührte,
ist ein armer Wicht,
denn er kennt sie nicht
- diese wahnsinnige Gier
nach durstlöschendem Bier!

#137 Bierdichten

Bier wird's schon richten
und meinen Durst vernichten.
Ich werde darüber dichten
und so davon berichten.

#138 Von leer nach voll

Leer sind Kopf und Bauch.
Meine Seele auch.
Doch der Bierkasten ist voll.
Das ist die Rettung. Das ist toll.
Prost Kopf! Prost Bauch!
Prost Seele auch!

#139 Alles

Bier ist nicht alles,
aber ohne Bier ist alles nichts.
Denn zum Beispiel im Falle eines Krankheitsfalles,
spürt man hautnah die Folgen eines Bierverzichts.

140   Die Wahrheit

Weizenbier ist nicht alles.
Ohne Weizenbier ist nicht alles nichts.
Denn es ist Folgendes zu bedenken:
Man kann sich auch mal ein Pils einschenken.

141   Selbstverständlich Bier

Ohne viel Gelabber,
ohne Wenn und Aber
sitzen wir zusammen hier
und trinken selbstverständlich Bier.

142   Wie verrückt

Als Dürstender liebte ich ein Bier in der Wüste.
Als ein in Seenot Geratener die nahe Küste.
Aber dich liebe ich überall und immer.
Meine Liebe zu dir wird immer „schlimmer".
Gestern liebte ich dich „nur".
Und das nicht nur wegen deiner reizenden Figur.
Heute aber liebe ich dich wie verrückt.
Ich bin von dir einfach total entzückt <3
Und wie wird unsere Liebe erst morgen sein?
Unbeschreiblich. Hauptsache ich bin dein und du bist mein <3

143   Ein Prost auf die Liebe

Ich liebe meine Freundin.
Meine Freundin liebe ich.
Und liebte ich nicht meine Freundin,
dann wäre sie auch nichts für mich.
Meine Freundin trinkt gerne Bier,
da geht's ihr so wie mir.
Zu einem Glas guten Wein
sagen wir natürlich auch nicht nein.
Alle anderen Getränke bleiben meist tabu.
Wir schauen uns in die Augen und prosten uns zu.

144   Ich liebe dich

Ich liebe dich,
wie der Durstige das Bier,
Ich liebe dich,
wie verrückt, jetzt und hier.

145   Glückseligkeit

Suche ich Zufriedenheit
oder gar Glückseligkeit,
finde ich sie garantiert bei ihr
oder in einer Flasche mit gutem Bier.
Mit „ihr" meine ich meine Freundin.
In ihrer Nähe schmelze ich dahin <3

146 Geliebtes Weizenbier

Ich wartete jahrelang vergebens
auf die große Liebe meines Lebens.
Seit ich 16 bin, ist diese Liebe bei mir:
<3 Weizenbier <3

147 Verführerisch

Vier Kerzen stehen auf dem Tisch.
Nachher gibt's Kartoffeln und Fisch.
Genügend Bier ist im Kühlschrank.
Und dann nach Speis und Trank
fängt er sie zärtlich zu küssen an
- so ist sein Verführungsplan.

148 Geben

Bist du bei mir, gebe ich dir Bier.
Bin ich bei dir, gibst du mir Bier.
Wer liebt,
der gibt.
Geben kann glücklich machen.
Geben bringt deine Seele zum Lachen.
Freut euch am Bier
wie wir!

#149 **Gemeinsamkeiten**

Du liebst Bier.
Ich liebe Bier.
Du liebst mich.
Ich liebe mich.
Du liebst dich.
Ich liebe dich.

#150 **Bier besser als mancher Sex**

Migräne hin, Migräne her -
er hätt' gern wieder mal Verkehr.
Sie aber spricht,
sie wolle heute nicht.
Da rennt er wütend aus dem Haus,
rüber zu seinem alten Kumpel Klaus.
Bier gibt's dort statt Sex.
Das erste trinkt er gleich auf ex.
Merke auch du dir:
Statt schlechten Sex besser gutes Bier.

#151 Freundin-Bier-Limerick

Mein altes Bier schmeckt ziemlich fad.
Doch welch Glück, die Freundin naht.
Sie schafft frisches Bier herbei.
Mein altes ist mir nun einerlei.
Meine Freundin ist halt eine Frau der Tat.

Nachtrag:
Dafür kriegt mein lieber Schatz
von mir jetzt einen langen Schmatz.
Aber auch gänzlich ohne Bier
bin ich total verrückt nach ihr.
Mein lieber Spatz, nimm Platz.
:-* :-* :-* <3 <3 <3

#152 An meine große Liebe

Ich liebe dich am Vatertag,
am Muttertag, an jedem Tag.
Auch an allen kommenden Tagen
werde ich dir sagen:
Ich liebe dich. Dich alleine.
Ich liebe dich. Sei die Meine.
Bier liebe ich schon sehr,
doch dich liebe ich unendlich mehr <3

#153 Schwäche

Eine Schwäche haben wir.
Wir lieben unser Weizenbier.

#154 Schlechter Tag

Ich fühl mich sick.
Mein Knie ist dick.
Meine Füße schmerzen.
Hab keine Lust, zu scherzen.
2 Fingersehnen sind gerissen.
Ich fühle mich echt beschissen.
Mein Auge tränt.
Hab ich schon erwähnt:
Appetit auf Bier hab ich keinen.
So ein Mist, ich könnte weinen.
Aber morgen ist ein neuer, bestimmt besserer Tag,
an dem ich Bier ganz sicher wieder trinken mag.

#155 Alk

Ein bisschen Alk muss sein
in Form von Bier und Wein.
Immer nur Wasser oder Tee
- nee, nee, nee, nee.
Ein bisschen Alk muss sein.

Ein bisschen Bier muss sein.
Schenk dir noch eines ein.
Egal, ob die Sonne scheint
oder der Himmel weint.
Ein bisschen Bier muss sein.

#156 From now on

About the merits of beer you never heard?
I'm sure you live verkehrt.
But no problem, from now on you will be bekehrt.

#157 Tausch

„Möchtest du einen Milchkaffee?"
„Milchkaffee? Nee!
Tausche ‚Milch' gegen ‚Frei' und ‚Kaffee' gegen ‚Bier'
- ein Freibier gib mir!"

#158 Jederzeit

Nichts ist schöner als ein Bier zur rechten Zeit.
Und diese rechte Zeit ist jederzeit.

#159 Lobenswerte Einsicht

Ein Bier am Tag macht das Leben liebenswert.
Ein Bier zu trinken, ist deshalb nicht verkehrt.

#160 Deine Hand

Ich starre wie gebannt
auf deine Hand.
Deine Hand reicht mir
eine volle Flasche Bier.
Welch' schöne Hand!

#161 Gute Nacht

Haben zu viert eine Kiste Bier niedergemacht.
Bin jetzt müde. Gute Nacht!

#162 Übers Bierdichten

Von früh bis spät
agiere ich als Bierpoet.
Immerzu denke ich an Bier.
Habe immer Bier im Visier.
Manchmal, aber oft auch nicht,
wird dann daraus ein Biergedicht.

#163 Haupttriebkräfte

Bier und Freundin beflügeln mich, zu schreiben.
Ohne die beiden ließe ich das Schreiben bleiben.
Der Biergenuss und die Liebe
sind meine beiden Haupttriebe.

#164 Vielleicht

Ein Biergedicht zur rechten Zeit
tut gut und befreit,
bringt dich vielleicht zum Lachen
und veranlasst dich eine Flasche Bier aufzumachen.

#165 Übers Schreiben

Schreibblockaden kenne ich nicht.
Aus jedem Thema mache ich ein Biergedicht.
Ich schreibe über alle möglichen Leute.
Über des Wahnsinns fette Beute.
Über Sehnsüchte und Liebe,
über Gefühle und Triebe.
Über Handball, Fußball, Eigentor –
Hauptsache „Bier" kommt darin vor.
Ich schreibe über alles.
Würde ich im Falle eines Falles
auch einmal auf „Bier" verzichten?
Nein, mitnichten.

#166 1000

Ich habe über 1000 Biergedichte geschrieben.
Bier und Dichten sind immer noch meine großen Lieben.
Ich werde weiter Bier trinken und dichten,
mich freuen, lachen, lieben und nicht verzichten.

#167 Bier-Time

Ist man im schönen Bardolino,
so trinkt man den dortigen Vino.
Bald ist man wieder daheim,
dann ist wieder Bier-Time.

#168 Terrassenbier

Zeit ist's, den Winter-Trübsinn zu verbannen.
Komm, lass uns mit einem Weizen auf der Terrasse entspannen.
Vergiss deine Sonnenbrille nicht.
Wende zur Sonne hin dein Gesicht.
Höre der erwachenden Natur zu.
Trinke einen Schluck und komm zur Ruh.

#169 Intensivbier

Wir kippen uns Bier hinter die Binden,
um das Leben intensiver zu empfinden.
Lustiger, glücklicher, greller, schöner,
freudiger, zufriedener, rassiger, lauter.
Solch ein Leben ist nicht lange auszuhalten.
Wir trinken ein Bierchen, um abzuschalten.

#170 Antitrübsalbier

Bist du betrübt in mancher Stund',
mach es wie des Nachbars Hund:
Freu dich auf dein nächstes Leckerli.
Weil du aber bist kein Hundevieh,
freu dich schon aufs nächste Bier.
Gerne trinke ich eins mit dir.

#171 Antigrollbier

Nichts läuft wie es soll.
Ich spür schon großen Groll.
Schnell reiche man mir
ein Antigrollbier.
Drei bis viere
solcher Biere
polen schnell meine Stimmung um
und ich nehme nichts mehr krumm.

#172 Unnormal

Mir kommt gerade in den Sinn,
dass ich vielleicht spinn.
Ich muss die meiste Zeit an Bier denken.
Nur mit Biertrinken kann ich mich ablenken.
Aber lieber bin ich auf diese Weise unnormal,
als nie an Bier zu denken. Das wäre katastrophal.

#173 Karussell

Mademoiselle, Mademoiselle,
trinken Sie eine Maß Bier blitzschnell.
Dann fahren Ihre Sinne eventuell
plötzlich und gratis Kettenkarussell.

#174 Geisterfrau

Die Geister, die er rief,
die Frau, mit der er schlief,
die kriegt er nicht mehr los.
Was macht er bloß?
Prost. Prost. Prost.

#175 Schales Bier

Ein Bier irgendwann mal stinkt,
wenn man's nicht beizeiten trinkt.
Aber zunächst einmal
schmeckt's erst mal schal.
Drum werde ich jetzt schnell mein Bier austrinken,
bevor's schal wird oder gar noch anfängt zu stinken.

#176 Bieriger Ratschlag

Der Mensch lebt nicht nur von Brot und Wurst.
Er braucht auch etwas gegen den Durst.
Da rate ich ihm und dir:
Trinkt Bier!

#177 Bierrudel

Hat man sich zunächst ein Bier bestellt,
haben sich später noch mehr dazugesellt.
Es scheint, Bier
ist ein Rudeltier.
Deshalb bevorzuge ich die Massenbierhaltung
vor der bierquälerischen Einzelhaltung.

#178 Brautbier

Braut braut Brautbier.
Brauer braut Braubier.
Brauers Braut braut Brautbraubier.
Willkommen im Brau-Club.
Blub, blub, blub.

#179 Bier ist mehr

Trinkwasser
ist nur Wasser.
In Bier ist mehr,
viel, viel mehr.
Auch Alkohol.
Zum Wohl!

#180 Bier heben

Auf das Wort „Leben"
reimt sich „heben".
Deshalb lasst uns ein Bier heben
auf ein langes, glückliches Leben.

#181 Hopfig-süß

Aufs Brot kommen Butter und Marmelade,
dann wird das Ganze mit süßer Schokolade
bedeckt.
Dazu ein Bier. Das schmeckt!
Solche geschmacklichen Gegensätze ziehen sich an,
genauso wie die Unterschiede zwischen Frau und
Mann.

#182 Kompliziert

Das, die, der –
mit wem hat's wer?
Die Conny ist die deine.
Die Ina ist die meine.
Der Wein
ist dein.
Das Bier
ist mir.
Du und ich also wir,
trinken zusammen Wein und Bier.
Und unsere Frauen
schauen
zu.

#183 Genießer

Er sollte schon lange abnehmen.
Beim Essen und Trinken kennt er kein Benehmen.
Aber soll er sich deswegen etwa schämen?
Er ist eben ein großer Genießer,
kein kalorienzählender Spießer.
Bleifrei und fettreduziert kommt für ihn nicht in Frage.
So trinkt, isst und genießt er bis ans Ende seiner Tage.

#184 Weltfrauentag (8. März)

Bier ist nicht nur was für Männer,
nein, auch bei Frauen ist's der Renner.
Ein Bierchen am Weltfrauentag
auch die Alice Schwarzer mag.
Bier ist für alle da –
Obladi und oblada.
Fördert Bier die Emanzipation?
Ich weiß es nicht. Ich glaube schon,
zumindest fördert's die Kommunikation.
Bier macht Frauen und Männer gleich
- das gilt in Deutschland und Frankreich.
Bier ist nicht komplex,
Bier ist unisex.

#185 Hannibal Lecters Bier-Liebes-Gedicht

Ich liebe dich, kann dich nicht vergessen.
Ich könnte dich vor lauter Liebe fressen.
Ach, hätte ich dich doch gefressen,
vielleicht könnte ich dich dann vergessen.
Gefressen und mit Bier hinuntergespült.
Ach, ich bin total aufgewühlt.
Du wirst morgen meine Speise,
dann verdaut zu Schei…

#186 Hauptsache Bier

Bier ist dazu da, getrunken zu werden.
Egal, ob daheim, im Biergarten oder sonst wo auf Erden.
Trink ich's nicht, dann trinkst du's.
Prost! Hoch die Gläser. Tu's!

#187 Ansprache

Zur Ehefrau sprach der Ehemann:
„Eines musst du wissen.
Wer viel Bier saufen kann,
der kann auch viel pissen.
Und Wasserlassen ist gesund,
denn die Nieren werden durchgespült.
Das ist für mich auch der Hauptgrund,
viel gesundes Bier zu trinken, leicht gekühlt."

#188 Wein

Würde ich Wein mehr als Bier lieben, würde ich Weingedichte schreiben.
Dem ist aber nicht so, deshalb lass' ich das mit den Weingedichten bleiben.

#189 **Narretei**

Die Narren sind los.
Ich find's grandios.
Sich verkleiden, Bier trinken, lachen,
fröhlich sein, verrückte Sachen machen.
Viel zu schnell sind sie vorbei
die Tage voller Narretei.
AHA, Alaaf und Helau –
nach 10 Bier ist mir flau.
Nächste Fasnet statt 10 Bier
lieber 100 Küsse von ihr :-*
Ob geküsst oder nicht, ob mit oder ohne Bier
eine glückliche Fasnet wünsche ich dir und mir.

#190 **Osterhase**

Ein alter Osterhase
mit einer Brille auf der Nase
und besonders langen Ohren
hatte sich geschworen:
Nächste Ostern mache ich blau,
bleibe im Bau mit meiner Frau.
Wir feiern selber mit Bier und Wein
und laden gute Freunde dazu ein.
Wer nächste Ostern die Eier versteckt, ist mir egal.
Nikolaus und Co., die können mich mal.

#191 **Trinkfester Osterhase**

Ein Osterhas
schaute zu tief ins Glas.
Als das zehnte Bier getrunken war,
wurde ihm so langsam klar:
Ich vertrage ordentlich 'was
von dem bierigen Nass.
Ich lege mich jetzt auf mein Hasenohr
und schnarche mit den anderen im Chor.

#192 **Mächtig**

Ich fühle mich prächtig,
denn ich bin mächtig.
Ich habe die Macht über 2 Kisten Bier,
die stehen im Keller und gehören mir.

#193 **Am Stammtisch**

Am Stammtisch ein Bier ums andere geschluckt.
Über Politik Gift und Galle gespuckt.
Geraucht und gelacht
bis weit nach Mitternacht.
Letztendlich mal wieder zu tief ins Glas geguckt.

#194 Wünsche

Bin ich erst einmal tot,
hab ich meine liebe Not,
meine Wünsche abzugeben,
denn ich bin ja dann nicht mehr am Leben.
72 Jungfrauen brauche ich im Paradies nicht,
da verlöre ich schnell die Übersicht.
Im Paradies möchte ich mit meinen Lieben wieder
zusammen sein.
Außerdem wünsche ich mir noch täglich ein großes
Bier und ein Glas Wein.

#195 Bier von der Tanke

Danke
der Tanke
für das nächtliche Angebot
an Sprit und flüssigem Brot.

#196 Biererfahrungen

Verschüttetes Bier macht die Hose nass.
Bier schmeckt am besten vom Fass.
Ein 5 l Fass ist für 2 Personen nicht zu groß.
Bier schmeckt einfach immer famos.

#197 Bannbrechendes Bier

Als unglücklich verliebter verzweifelter Mann
steht man lange in der Angebeteten Bann.
Diesen Bann aber kann man brechen,
geht man ausgiebig mit Freunden zechen.
Freunde und Bier werden ihn vom Herzschmerz kurieren
und er kann bald schon sein Herz an eine andere verlieren.

#198 Vergessen

Ein General oder ein Feldmarschall,
der hatte einen Knall,
äh, hörte einen Knall.
Oder war er in Unterzahl
bei einem Überfall?
Oder musste er mal?...
Was wollte ich eigentlich sagen? Ich hab's vergessen.
Was soll's, dann geh' ich jetzt Biertrinken und etwas essen.
Prost mon Général. Trinken wir auf den Urknall.

#199 Alkoholfrei

Für Biere der alkoholfreien Sorte
findet die Werbung lobende Worte
wie alkoholfrei, isotonisch, kalorienreduziert....
Ich halte sie meist für sensorisch kastriert.
Die alkoholfreien Biere dienen mir
als Sportler- und Autofahrerbier.

#200 Bierglas

Nur ein volles Bierglas
ist ein gutes Bierglas ;-)

#201 Sinkendes Schiff

Wir sind die Crew auf einem langsam sinkenden Schiff.
Wir steuerten gestern gegen ein gefährliches Riff.
Niemand hilft uns in der Not,
morgen sind wir vielleicht schon tot.
Da wir wissen, morgen ist es mit uns wohl aus,
feiern wir heute unseren eigenen Leichenschmaus.
Wir betäuben und vergnügen uns, saufen Bier, Wein und Rum,
denn morgen ist wahrscheinlich eh alles rum –fidibum.

#202 Wie lange noch

Trotz Kriege und anderen Scheiß dreht sich die Erde noch,
wie lange noch?
Rund 10 Bier trinke ich in einer Woch,
wie lange noch?
Mein Herz schlägt poch, poch, poch,
wie lange noch?
Fragen über Fragen,
doch ich will nicht weiter klagen.
Statt Klagebier
ein Nochlangebier!

#203 Auto fahren

Lass dein Auto stehen,
willst du Bier im Glase sehen.
Wer säuft, der läuft.
Nur wer nicht fährt, der säuft.

#204 Gravitationswellen

Darf ich kurz vorstellen:
Die Gravitationswellen.
Jetzt nachgewiesen, einst von Einstein theoretisch entdeckt.
Machen sie die Verbindung zwischen allem perfekt?
Beschwingen sie dich und mich,
den Raum und die Vergangenheit,
selbst das Bier und vielleicht die Ewigkeit?
So viel Schwung wirft mein Bierglas um.
Die Welle hat Schuld. Sei's drum.

#205 Nicht übertreiben

Er nimmt sich vor, es mit dem Biertrinken nicht zu übertreiben.
Er nimmt sich vor, sich heute höchstens sechse einzuverleiben.

#206 Gären

Was lange gärt, wird endlich gut.
Fertig, fertig ist der vergorene Sud.

#207 Ute

Die Ute,
die Gute,
ist frohen Mutes
und sie tut es:
Ute trinkt Bier
um viertel vor Vier.
Prost Ute, du Gute.

#208 Zwischen den Bieren

Ein frühes Bier.
Ein spätes Bier.
Dazwischen Bier.
Das lobe ich mir.

#209 Im Biergarten

Im Biergarten
warten
zwei Bier auf dich
und mich.

#210 Was wollt ihr?

„Wollt ihr Cola, Whisky oder Wein?"
„Nein, nein, nein."
„Was wollt ihr?"
„BIER!"

#211 Recht durstig

Ich bin recht durstig und liebe das Bier so sehr.
Darum gebt mir ein Bierfass, ich trinke es leer.

#212 Logisch

Ein Bier steht einsam auf dem Tisch.
Drum riecht's nach Bier und nicht nach Fisch.
Ich trinke das Bier, aber esse nicht von dem Fisch,
denn es steht ja nur Bier aber kein Fisch auf dem Tisch.

#213 Faulpelztag (10.8.)

Ich faulenze so vor mich hin.
Nichtstun hab ich heut im Sinn.
Lasst mich also in Ruh.
Das Einzige, was ich heut tu,
ist auf dem Sofa zu liegen, Bier zu trinken
und von einem Tagtraum in den nächsten zu versinken.
Würde jeder Tag ein offizieller Faulpelztag sein,
dann tränke ich ab und zu auch mal Wein.
Ach, das Leben kann so schön sein.

#214 Doppelsichtig

Wen's in die Arme seiner Freundin zieht,
wer dann beim Küssen 2 Münder vor sich sieht,
der wundere sich darüber bitte nicht allzu lange,
denn der hat wohl zu viel Bier getrunken, keine Bange.

#215 Wäre

Wäre ich kein Mensch, wäre ich vielleicht ein Tier.
Könnte ich das auch nicht sein, wäre ich am liebsten Bier.

#216 **Verschiedene Biersorten**

Es gibt unter den vielen Biersorten kein wirklich schlechtes Bier.
Es gibt nur verschiedene Arten von guten.
Drum denke ich mir,
ich werde sie mir alle irgendwann „zumuten".

#217 **Frei**

Ich hätte gerade gern was mit „Frei":
Freitag, Freibad, Freibetrag, Freistoß,
Freizügigkeit, Freimütigkeit, Freispruch,
Freiwillige, Freistunde, Freizeit…
Freiheit wäre auch gut.
Am liebsten aber FREIBIER!

#218 **Im Hamsterrad**

Ich renne in meinem Hamsterrad
und drehe langsam hohl.
Doch dagegen habe ich ein Mittel parat.
Ich trinke jetzt Bieralkohol. Zum Wohl!

#219 Trinktipp

Lässt man sich zu jeder zweiten Halbe ein Wasser reichen,
hat man am nächsten Tag keinen Kater und kann gut seichen.

#220 Immer da

Saurier, DDR und Cholera
- vieles war einst mal da.
Manches kommt auch wieder,
wie Weihnachtsbier, Bumerang und Flieder.
Nur meine Freundin ist immer für mich da,
das finde ich wunderbar, toll, prima.

#221 Gedanke zu Olympia 2016

In Rio holte Usain Bolt
im Sprint sein drittes Gold.
Ich holte mir
mein drittes Bier.
Die Ähnlichkeit durch die 3 erfreut mich sehr.
Ich trink noch eins. Hab dann zu Bolt eins mehr ;-)
Gemäß meinem Medaillenspiegel liegen 4mal flüssiges Gold
eindeutig vor 3mal Usains Sprinter-Gold.
Prost. Prost. Prost. Prost.

#222 **Krüppel-Bier-Gedicht**

Als haute man mir auf die Hand mit einem Knüppel,
so kaputt ist meine Hand. Ich bin (derzeit) ein Krüppel.
Aktuell kann ich keine Serviette falten.
Und noch schlimmer, die Hand kann kein Bierglas halten.
Das ist wirklich übel, übel.

Ist man erst mal verkrüppelt,
sitzt man da und grübelt.
Bier schmeckt mir trotzdem - Gott sei Dank.
Nach einem Bier fühle ich mich gleich weniger krank.
Nach 2 Bier bin ich der König der Welt.

Aufgeben ist keine Option,
Biertrinken schon.
Mit der Hand muss es wieder besser werden.
Mit der Zeit verschwinden die Beschwerden
Vom Bier gönne ich mir jetzt eine große Portion.

#223 **Anfangs**

Es fängt fast jeder irgendwann,
mal mit Alkoholischem zu trinken an
Anfangs probiert und experimentiert man rum,
trinkt Whisky, Rotwein und auch mal weißen Rum.
Ich habe dabei für mich schon früh Bier entdeckt.
Bier hat mir damals schon am besten geschmeckt. .

#224 Bier, das Mittel der Wahl

Bei Sorgen, Ärger und Verdruss
hilft oft ein vergorener Malz-Aufguss.
1-2 Bier lassen Unwichtiges auch unwichtig erscheinen.
Über Banales kannst du lachen. Schluss mit Weinen.
Kein anderes Mittel verschafft zudem solchen Genuss.

#225 Gold, Gold, Gold

Elfenbein, Porzellan, Kokain – Weißes Gold.
Erdöl, Kaviar – Schwarzes Gold.
Pyrit – Katzengold.
Element Au – Echtes Gold.
Immobilien – Betongold.
Trinkwasser – Blaues Gold.
Hopfen, Zuckerrohr – Grünes Gold.
Trinkwasser – Blaues Gold.
Rotwein – Rotes Gold.
Kartoffel – Ackergold.
Das liebste Gold ist mir
flüssiges Gold in Form von Bier.

#226 Rente

Die Rente muss für täglich ein Bierchen reichen,
sonst müssen die regierenden Parteien weichen.

#227 Herz aus Gold

Schätzte man ein Herz aus Gold
und Bier, das flüssige Gold,
höher ein als Macht, Perfektion und Geld,
hätten wir eine liebevollere und glücklichere Welt.

#228 Durstlöschgefühl

Ist dein Durst groß oder eher klein,
schenke dir die passende Biermenge ein.
Bier in den Mund, dann der Schluckreflex
- das ist reinster phänomenaler Gaumensex.
Das Durstlöschgefühl ist nahezu unbeschreiblich.
Es ist erlösend, belebend, orgastisch-weiblich.

#229 Im Duett

Ach, was bin ich froh.
Das war nicht immer so.
Aber seit ich dich kenne,
seit ich für dich brenne,
ist das so. Seither bin ich froh.
Im Duett lebt's sich besser als solo.
Und mit Bier ist's ebenso:
Zwei Bier sind besser als ein Bier…

#230 **Nur mit**

Auf ein, zwei Bier
treffe ich mich gerne mit dir.
Ansonsten tut's mir leid:
Kein Bier – keine Zeit!

Inhaltsverzeichnis

#1	Goldenes Bier	7
#2	Flüssiges Gold	7
#3	Golden	7
#4	Freund	8
#5	Wunschbier	8
#6	Endlich glücklich	9
#7	Malen mit Bier	9
#8	Programm	9
#9	Treu verbunden	10
#10	Kneipengänger	10
#11	Ein farbliches Durcheinander	11
#12	Im Mai	11
#13	Herbstgold	11
#14	9 Maß	12
#15	Gute Wünsche	12
#16	Wahrheiten	12
#17	Nachwirkungen	13
#18	Wiedergeburt	13
#19	Für Luisa und Malte	14
#20	Umweltverschmutzung	14
#21	Toll	15
#22	Metamorphose-Bier	15
#23	Plopp	15
#24	Menschenkenntnis	15
#25	Ausbruch	16
#26	1. Mai-Bier	16
#27	Bieriger Vergleich	16
#28	Bier auf dem Kanapee	16
#29	Optimist	17
#30	Gottesgabe	17
#31	Mein Bier	17
#32	Gleichklang	18
#33	Bier tut gut	18
#34	Quarktasche	18
#35	Verdauungsbier	19
#36	Ein Helles	19
#37	Gewohnheitstier Mensch	19

#38	Mond über der Zelle	20
#39	Lieben, nicht hassen	20
#40	Keiner	20
#41	Beziehungspause	21
#42	Bierrausch	21
#43	Mäßig, aber regelmäßig	21
#44	Berauschte Erde	22
#45	Rausch	22
#46	Liebesrausch	22
#47	Trinke	22
#48	Liebe	23
#49	Pflaumenretter	23
#50	Im Glück	23
#51	Sommerzeit	24
#52	Glücklich	24
#53	Schweben	24
#54	Kunst	25
#55	Des Bieres	25
#56	Brexit	25
#57	Die unschöne Seite der EM 2016	26
#58	Die Überraschungsmannschaft der EM 2016	26
#59	Fußball genießen	27
#60	Zu viel des Schweigens	28
#61	Bierrettung	29
#62	Gute Zeiten, schlechte Zeiten	29
#63	Glücksmomente	30
#64	Internationaler Tag des Bieres	30
#65	Biertasse	30
#66	Täglich ein Freibier	31
#67	Spezialradler	32
#68	Verpennt	32
#69	Antikonfliktbier	32
#70	Verregneter Sommertag	33
#71	Verdauungseinschlafbier	33
#72	Von sich, anderen und Bier	34
#73	Bierbad mit Freundin	34
#74	Elektrifizierendes Freibier	35

#		
#75	Lieben	35
#76	Most	35
#77	Biersüchtig	36
#78	Mäßiges Trinken	36
#79	Bier pro Stunde	36
#80	Bier, der Sorgenbrecher	37
#81	Halbe oder Maß?	37
#82	Craft Beer	37
#83	Schlechtwetterbier	38
#84	Anti-Arschlochbier	38
#85	Altern	38
#86	Verrückt	39
#87	Stimmungsbier	39
#88	Bier zu Spinat	39
#89	Frühmorgens	40
#90	Anti-Depri-Mittel	40
#91	Bleib Optimist	41
#92	10000 Biere	41
#93	Tag für Tag	42
#94	Nicht exzessiv	42
#95	Was muss, das muss	42
#96	Frohgemut	43
#97	Feucht-fröhlich-teure Weihnachtszeit	43
#98	An Weihnachten	43
#99	Zum Jahreswechsel	44
#100	Neujahrsbier	44
#101	Schon die Ägypter	44
#102	Sündhaft gutes Bier	45
#103	Das knallt	45
#104	Volle Zustimmung	45
#105	Noch schlimmer	45
#106	Gedanken	46
#107	Einzigartiges Bier	46
#108	Luxus	47
#109	Nichts zu lachen	47
#110	Erträglich	47
#111	Schwur	48
#112	Locker bleiben	48
#113	Leben	48
#114	Ohne Bier	49

#	Title	Page
#115	Kein Spaß	49
#116	Frisches Bier	49
#117	Was bleibt	50
#118	X	50
#119	Alkoholbedarf	51
#120	Bierschaum	51
#121	Nikolausgeschenk	51
#122	Bier-Paradies	52
#123	Beobachtungen	52
#124	Bierzug	52
#125	Plastikbierflaschen	53
#126	Sexy Bier	53
#127	Auf den VfB Stuttgart (furchtlos und treu)	53
#128	Gut geht's	54
#129	Die Gier nach frischem Bier	54
#130	Durst	55
#131	Gegen jeglichen Durst	55
#132	Antidurstbier	55
#133	Macho	56
#134	Durstig	56
#135	Unterschied	56
#136	Durstlöscher Bier	56
#137	Bierdichten	57
#138	Von leer nach voll	57
#139	Alles	57
#140	Die Wahrheit	58
#141	Selbstverständlich Bier	58
#142	Wie verrückt	58
#143	Ein Prost auf die Liebe	59
#144	Ich liebe dich	59
#145	Glückseligkeit	59
#146	Geliebtes Weizenbier	60
#147	Verführerisch	60
#148	Geben	60
#149	Gemeinsamkeiten	61
#150	Bier besser als mancher Sex	61
#151	Freundin-Bier-Limerick	62
#152	An meine große Liebe	62
#153	Schwäche	63
#154	Schlechter Tag	63

#155	Alk	64
#156	From now on	64
#157	Tausch	64
#158	Jederzeit	65
#159	Lobenswerte Einsicht	65
#160	Deine Hand	65
#161	Gute Nacht	65
#162	Übers Bierdichten	66
#163	Haupttriebkräfte	66
#164	Vielleicht	66
#165	Übers Schreiben	67
#166	1000	67
#167	Bier-Time	68
#168	Terrassenbier	68
#169	Intensivbier	68
#170	Antitrübsalbier	69
#171	Antigrollbier	69
#172	Unnormal	69
#173	Karussell	70
#174	Geisterfrau	70
#175	Schales Bier	70
#176	Bieriger Ratschlag	71
#177	Bierrudel	71
#178	Brautbier	71
#179	Bier ist mehr	72
#180	Bier heben	72
#181	Hopfig-süß	72
#182	Kompliziert	73
#183	Genießer	73
#184	Weltfrauentag (8. März)	74
#185	Hannibal Lecters Bier-Liebes-Gedicht	74
#186	Hauptsache Bier	75
#187	Ansprache	75
#188	Wein	75
#189	Narretei	76
#190	Osterhase	76
#191	Trinkfester Osterhase	77
#192	Mächtig	77
#193	Am Stammtisch	77
#194	Wünsche	78

#195	Bier von der Tanke	78
#196	Biererfahrungen	78
#197	Bannbrechendes Bier	79
#198	Vergessen	79
#199	Alkoholfrei	80
#200	Bierglas	80
#201	Sinkendes Schiff	80
#202	Wie lange noch	81
#203	Auto fahren	81
#204	Gravitationswellen	82
#205	Nicht übertreiben	82
#206	Gären	82
#207	Ute	83
#208	Zwischen den Bieren	83
#209	Im Biergarten	83
#210	Was wollt ihr?	84
#211	Recht durstig	84
#212	Logisch	84
#213	Faulpelztag (10.8.)	85
#214	Doppelsichtig	85
#215	Wäre	85
#216	Verschiedene Biersorten	86
#217	Frei	86
#218	Im Hamsterrad	86
#219	Trinktipp	87
#220	Immer da	87
#221	Gedanke zu Olympia 2016	87
#222	Krüppel-Bier-Gedicht	88
#223	Anfangs	88
#224	Bier, das Mittel der Wahl	89
#225	Gold, Gold, Gold	89
#226	Rente	89
#227	Herz aus Gold	90
#228	Durstlöschgefühl	90
#229	Im Duett	90
#230	Nur mit	91

Autor:

Alfred Reichel, geboren 1961 in Stuttgart, ist Lebensmittel-Ingenieur und ein großer Bierliebhaber. Reichel wohnt in Weil der Stadt und verdient in Stuttgart sein täglich Bier als Chemielehrer.

Bisher sind von Alfred Reichel beim Verlag Books on Demand GmbH folgende Bücher erschienen:

Bier-Gedichte, 2012

Noch mehr Bier-Gedichte, 2013

Bier-Liebes-Gedichte, 2013

Bier-Lyrik, 2014

Nicht nur Biergedichte, 2015

Tierisch gute Bier-Gedichte, 2015

Bierhaltige Gedichte, 2016

Goldene Biergedichte, 2016